मन के मोती

एक बिखरी माला

महिमा सोनी

BookLeaf Publishing
India | USA | UK

Made with ❤ on the BookLeaf Publishing Platform
www.bookleafpub.in
www.bookleafpub.com

Dedication

समर्पण

यह पुस्तक
मेरे स्वर्गीय पति श्री उमेश कुमार –
जिनका स्नेह, संबल और स्मृति मेरे हर शब्द में जीवित है,

तथा
उन सभी प्रियजनों को समर्पित,
जिन्होंने मुझे प्रेम, धैर्य और हौसले की सीख दी।

आपके बिना यह संभव नहीं था।

Preface

भूमिका

"मन के मोती" – यह काव्य संग्रह मेरी उन भावनाओं की अभिव्यक्ति है, जिन्हें मैंने वर्षों तक अपने भीतर संजोया, महसूस किया, पर कभी शब्दों में ढाल नहीं पाई। ये वे विचार हैं, जो मेरे मन के कोनों में बिखरे पड़े थे – जैसे एक टूटी हुई माला के मोती।
इस पुस्तक के रूप में, मैंने एक छोटी सी कोशिश की है कि इन बिखरे भावों को सहेजकर एक माला में पिरो सकूं – ताकि जो अनकहा था, वह अब शब्द बनकर आप तक पहुंच सके।

इस संग्रह में विभिन्न भावनाओं और जीवन के रंगों पर आधारित कविताएं हैं –
विरह की वेदना, यादें, आंसू और तूफान – ये सभी कविताएं मेरे स्वर्गीय पति उमेश कुमार को समर्पित हैं।
उनके जाने के बाद जो भावनाएं मैंने अनुभव कीं, उन्हें शब्दों में ढालना एक आत्मिक यात्रा रही है – एक ऐसा संवाद, जो अब सिर्फ कविता बनकर संभव है।

'सच्चा दोस्त' कविता उन अनमोल मित्रों के लिए है, जिन्होंने जीवन के हर उतार-चढ़ाव में मुझे भावनात्मक सहारा दिया और मुझे फिर से मुस्कुराना सिखाया।
'मैं, मेरी तन्हाई और वो' – मेरे चाय के प्रति प्रेम की एक हल्की-सी झलक है, जिसमें शायद आप भी खुद को ढूंढ़ पाएंगे।
'फेहरिस्त ख्वाहिशों की' कविता उन सभी महिलाओं के लिए है, जो

अपने कर्तव्यों की भीड़ में खुद को भूल गई हैं। यह एक प्रयास है उन्हें उनके भीतर की लड़की से फिर मिलवाने का।

बाकी कविताएं भी जीवन की विविध भावनाओं और अनुभवों से जुड़ी हैं –
कुछ अनकही ख्वाहिशें, कुछ जीवन के सच, और कुछ सच्चे एहसास...

"मन के मोती" मेरी पहली पुस्तक है – एक लेखिका के रूप में मेरी पहली कोशिश।
अगर मेरी लेखनी आपके मन को छू सके, तो यही मेरी सबसे बड़ी सफलता होगी।
चूंकि यह मेरा आरंभिक प्रयास है, तो आपसे निवेदन है कि किसी त्रुटि को नज़रअंदाज़ करते हुए स्नेह, मार्गदर्शन और प्रोत्साहन देते रहें।
आपका साथ ही मेरी सबसे बड़ी प्रेरणा है।

सादर आभार

Acknowledgements

आभार

यह मेरी पहली पुस्तक है – और इसके साथ एक सपना पहली बार शब्दों में ढला है।

इस सफर की शुरुआत मेरे भीतर के एक छोटे से विचार से हुई थी, जिसे धीरे-धीरे हिम्मत, समय, और बहुत सारे भावों ने आकार दिया। इस पूरे सफर में कई ऐसे लोग थे, जिनका साथ, विश्वास और स्नेह मेरी ताकत बना।

सबसे पहले, मैं अपने परिवार का दिल से आभार व्यक्त करती हूं – जिन्होंने मुझे बिना शर्त समझा, मेरा धैर्य बनकर खड़े रहे और मेरे हर शब्द में मेरा यकीन बनाए रखा।

मेरे उन दोस्तों का धन्यवाद, जिनसे मैंने कुछ नहीं कहा, फिर भी उन्होंने सब समझा। जिनकी मुस्कुराहटों और चुप्पियों में मैंने अपनी रचनाओं के बीज पाए।

उन पाठकों का भी आभार, जो अभी मुझे जानना शुरू कर रहे हैं – आपसे जुड़ना मेरे लिए सबसे बड़ी प्रेरणा है।

मैं उन सभी अनुभवों, रिश्तों और अनकहे एहसासों का भी धन्यवाद करती हूं, जो कहीं न कहीं इस पुस्तक के हर शब्द में बहते हैं।

और अंत में, उस अनदेखी शक्ति का धन्यवाद, जिसने हर बार थमते कलम को दोबारा चलने की ऊर्जा दी।

अगर मेरी यह पहली कोशिश, आपके दिल को छू पाए – तो यकीन मानिए, मेरी सबसे बड़ी जीत वही होगी।

1. विरह की वेदना

जब जब बरसते हैं मेघा
बहुत याद आते हो तुम।
भीग जाते हैं सब पेड़ पौधे
उतना ही भीग जाता है मेरा मन।

मेघा उस दिन भी बरसे थे
जब हाथ मेरा छोड़ गए थे तुम।
भुला कर मेरा प्यार
ना जाने कहां हो गए थे गुम।

पर मैं नहीं भूल पाई हूं तुम्हें कभी
लगता है मुझे पुकारोगे अभी।
सच यही है कि तुम अब कभी नहीं आओगे
बिछड़ गए हो मुझसे बेशक।

पर मेरा प्यार कैसे भुलाओगे
सिर्फ तुम्हारे लिए ही मैं।
सजती हूं अपनी मुस्कान से
यकीं है मुझे के तुम देख रहे हो।

मुझे दूर गगन की छांव से
दूर गगन की छांव से.....

2. यादें

कुछ लोग यूँ ही ख़ामोशी से चले जाते हैं,
जैसे हवा में कोई खुशबू गुम हो जाए।

पर दिल के एक कोने में
वो हमेशा ज़िंदा रह जाते हैं।

वो बातें... जो अब किसी की आवाज़ नहीं,
फिर भी हर सन्नाटे में गूंजती हैं कहीं।

वो मुस्कान... जो अब सामने नहीं,
पर आंखों के पर्दे पर अक्सर लौट आती है।

कभी उनकी याद पर होंठ मुस्कुरा उठते हैं,
तो कभी पलकों पर चुपचाप नमी उतर आती है।

यादें – कोई बोझ नहीं होती,
ये तो रूह की नर्म चादर सी होती हैं।

जो वक्त के साथ और भी सुकून देती हैं,
और कहीं भीतर गहराई से जुड़ जाती हैं।

हाँ... लोग बिछड़ते हैं,

मगर यादें नहीं।

3. तस्वीर

खुद की एक ऐसी तस्वीर बनानी है,
जिसे अपने मन के रंगों से सजानी है।

ना हो कभी फीकी, न कोई उसे बुझा पाए,
उसमें ऐसी चमक लानी है, जो हर दिल को भाए।

दूर से देखो तो लगे आसमां का नूर हो,
पास जाकर छू लो तो
समंदर की गहराई का सुरूर हो।

खुद की एक ऐसी तस्वीर बनानी है,

जो दिखे तो शांति का सागर हो,
आँखों में उतर के बोले,
हर लम्हा एक लंबी कहानी हो।

जो समेट ले दुनिया की हर नज़रों को,
और अपनी रंगीन धनक से हर दिल को मोहित कर दे।

खुद की एक ऐसी तस्वीर बनानी है–

जो सिर्फ मैं हूं, बस मैं हूं।

4. मौन की भाषा

जब कोई समझने लगे तुम्हारे मौन की भाषा
जो तुम्हारी हंसी के पीछे छिपी बेबसी
और दिल में बसी उदासी पकड़ सके।

जो हर उसे भाव को समझ ले
जिसे बताने के लिए तुम्हारे पास शब्द ना हो।
जिसे अपनी पीड़ा बताने के लिए
शब्दों की जरूरत ना पड़े।

तो समझिए आपने दुनिया की
सबसे नायाब चीज़ पा ली है।
क्योंकि हर कोई नहीं पढ़ पाता मौन की भाषा

जिसने छुआ तुम्हारी रुह को
सिर्फ वही जान सकता है

मौन की परिभाषा.....

5. तुम

मेरी रातों की अंतिम ख्वाहिश
सुबह का पहला ख्याल हो तुम।

गर्म तपते मरुस्थल में
बारिश की पहली फुहार हो तुम।

मेरी बेचैनियों का करार हो तुम
जो मुझे सब्र दे वो प्यार हो तुम।

कभी टूट कर बिखरू मैं जो
संभाले मुझे वो बांहों का हार हो तुम।

कैसे बताऊं तुम्हें तुम मेरे क्या हो
मेरी दुनिया,मेरा अस्तित्व, जीने का आधार हो तुम।

अब तुम्हारी तारीफ में और क्या कहूं
मेरी मुरझाई हुई जिंदगी में गुलाब हो तुम।

6. सुनो ना

बजने लगती है कानों में शहनाईयां
गूंजने लगती है घंटियों की आवाज
जब तुम धीमे से बोलते हो
सुनो ना......

अच्छा लगता है जब तुम मांगते हो
स्वीकृति किसी कार्य को करने की
और करते हो मुझसे नम्र निवेदन
सुनो ना.....

मेरे अधूरे से व्यक्तित्व को
तुम देते हो पूर्णता का एहसास
जब प्यार से बोलते हो
सुनो ना.....

तुम यही चाहते हो ना कि मैं दुनिया के सारे
जरूरी गैर जरूरी काम छोड़कर बस तुम्हें सुनूं
बस इसलिए पुकारते हो
सुनो ना....

मेरी दुनिया का केंद्र बिंदु हो तुम

तुम्हारे आसपास मैं रहूंगी सदा
तुम भी सुन लेना मुझे, जब कभी मैं पुकारूं
सुनो ना.....

7. काफी है

तुम्हें कभी जुदा ना होने देंगे खुद से
तुम देर से मिले हो इतना नुकसान काफी है ।

नहीं चाहिए तुम्हारा ढेर सारा वक्त
बस दो घड़ी पास आकर बैठो
इतना मेरे लिए काफी है ।

नहीं चाहत महंगे उपहारों की तुमसे
कभी एक गुलाब मेरे बालों में सजाओ
बस वो गुलाब मेरे लिए काफी है ।

नहीं चाहती कि दुनिया भर में तुम घुमाओ मुझको
बस दो पल अपने सीने से लगाओ
तुम्हारी धड़कनों की आवाज काफी है ।

करती रहूं मैं बक-बक दुनिया भर की
तुम धैर्य से मुझे सुनते रहो
बस यह एहसास काफी है।

8. सुकून की तलाश

सुकून क्या है?

जीवन की तमाम उलझनों में
जब कोई एक बार बस एक बार
प्यार से गले लगा ले

और जी भर रोने दे उसे
अपने सीने से लगाकर
उसकी हर बात सुनता रहे

उसे तसल्ली दे इस बात का अहसास कराए
मैं हूं ना तुम्हारे पास
जो सुने बस तुम्हारी धड़कनों की आवाज

जिसके गले लग कर तुम अपने दुख दर्द
अपनी परेशानियां भूल जाओ
जिसके साथ बेफिक्री से अपने दिनचर्या बांट पाओ

हर किसी की जिंदगी में कोई ना कोई शख्स
होता है इतना खास
जिसके पास जाकर खत्म होती है

सुकून की तलाश....

9. सच्चा दोस्त

एक सच्चा दोस्त वह है जो
आपको वैसे ही जानता है
जैसे आप हैं
वो आपको बदलता नहीं बल्कि
आपको आपकी अच्छी बुरी आदतों के साथ
स्वीकार करता है
जिंदगी में सच्चे दोस्त का होना
किसी खजाने से कम नहीं
फिर लाख आए मुसीबतें
सच्चा दोस्त हो साथ तो कोई गम नहीं
सच्चा दोस्त वह है जो तुम्हारी
खामोशी को समझ सके
जिसके साथ तुम कितनी भी अजीब बातें करो
पर तुम्हें सोचना ना पड़े
खुश किस्मत हूं मैं की दोस्ती का यह
नायाब खजाना मेरे पास है
उसके साथ बिताया हर लम्हा
मेरे लिए खास है
क्योंकि वह एक दोस्त बेवजह ही बन गया
वह दोस्त जो जिंदगी के एक नये पड़ाव पर मिला
पर उसे रिश्ता कुछ पुराना सा बन गया

10. कोई है.....

कोई है.....
जिसे देखते ही गले लग जाने का दिल करता है।

कोई है.....
जिसे अपने दिल की हर बात बताने का दिल करता है।

कोई है.....
जिसके बिना बिखर गई थी मैं,
पर अब सवंर जाने का दिल करता है।

कोई है.....
बिना बात के जिसको फोन लगाने का जी करता है।

कोई है.....
जिसे "पता है आज क्या हुआ" कहकर
सब बताने का दिल करता है।

कोई है.....
जिसके सीने पर सर रखकर सो जाने का दिल करता है।

कोई है.....
जिसकी एक मुस्कान पर मर मिट जाने का दिल करता है।

11. मैं मेरी तन्हाई और वो....

जानते हो?
हम तीनों की खूब बनती है –
मैं, मेरी तन्हाई... और वो।

वो – जो दिल के बेहद करीब है।
जब मन उलझता है, वो सुलझाती है,
जब अकेलापन सताता है, वो चुपचाप साथ निभाती है।

वो – जिसकी खुशबू से मन भीग उठता है,
सोंधी सी, शांत सी, पर जादुई सी।

वो – सांवली सी, सादगी में लिपटी,
जिसे मैं वैसे ही पसंद करती हूं, जैसे वो है।

वो – जो हर कदम पर मेरे साथ चलती है,
जिससे मेरी एक अलग ही पहचान जुड़ी है।

दुनिया के लिए शायद बस एक आम चीज़,
पर मेरे लिए... मेरी जान।

जानना चाहते हो वो कौन है?
मैं, मेरी तन्हाई... और मेरी प्यारी सी चाय।

12. एक रूह की पुकार

मैं ढूंढ लेती हूँ सब कुछ...
रुमाल, घड़ी, मोज़े, किताबें,
कभी सुई, कभी खोई बालियाँ,
या चाबी जो कहीं तकिए के नीचे पड़ी रह गई थी।

जो भी चीज़ इस घर में खो जाती है,
सबके पहले मेरी आवाज़ लगती है –
"मैं ढूंढ देती हूँ।"

और मैं सच में ढूंढ लेती हूँ,
हर बिखरी चीज़ को समेट लेती हूँ,
हर कोने की खामोशी को पढ़ लेती हूँ।

पर...

एक चीज़ है जो मुझसे ही ओझल हो गई है –
मैं ख़ुद।
ना जाने कब, कहाँ, कैसे...
मैं ही कहीं छूट गई इस दौड़ में।

कभी रसोई के धुएँ में,
कभी फ़ोन की घंटियों में,

कभी दूसरों की "ज़रूरतों" की फ़ेहरिस्त में –
मैं कहीं खो गई।

अब दिल करता है...
कभी अपने ही घर के किसी कोने में
बैठी मिलूं खुद को – चुपचाप।
जैसे कोई बिछड़ी चीज़ अलमारी से मिल जाए।

और फिर, अपने ही आपसे कहूं –
"देखो, मिल गई हो तुम...
अब खुद को फिर से मत खोने देना।

13. फेहरिस्त ख्वाहिशों की

आज अचानक मन में ख्याल आया,
क्यों ना एक फेहरिस्त अपनी ख्वाहिशों की बनाई जाए,
क्या पसंद ना पसंद है मुझे उसकी एक लिस्ट बनाई जाए।बहुत सोचा
दिमाग पर जोर लगाया,
पर मेन्यू में अपनी पसंद का कुछ ना पाया।
बच्चों की फरमाइशों में कहीं पीछे छूट गई मेरी पसंद,
अब तो जो बन जाता है उसी में ले लेती हूं आनंद।
पर कभी-कभी कुछ धुंधला सा याद आता है,
जो मेरे मन को अनजाने में गुदगुदा जाता है।
वो अरहर की दाल में हींग जीरे का बघार,
कभी सादी सी खिचड़ी और आम का अचार।
गर्मियों में आम सर्दियों में खजूर ,
वह दिन भी क्या दिन थे हुजूर।
वह बारिशों के दिन और भुट्टे का स्वाद ,
घर की जिम्मेदारियों मे अब कहां रहा याद।
स्कूल के पास की टाल के लाल गटारे ,
खाते थे कभी ले लेकर चटकारे।
दयाल पुरे की चाट पापड़ी कभी-कभी मीठा पान,
कभी चटनी वाली छल्ली खाकर तृप्त होती थी जबान।
करण गेट का वह खुशबूदार फालूदा,
मन करता था इस स्वाद से कभी होऊं न जुदा।
तरह-तरह के पापड़, चावल की फुल बड़ियां,

सब्जी में बैंगन का भरता, सोयाबीन की बडिया।
वह बचपन ही अच्छा था दोस्तों जब लेती थी सारे स्वाद,
अब फेहरिस्त बनानी पड़ती है नहीं रहा कुछ याद।

14. अनमोल प्रेम

मेरे लिए तुम्हारा प्रेम अनमोल है।

क्योंकि तुमने प्रेम किया
बाहर की मुस्कान से नहीं,
मेरे अंदर पसरे हुए मौन से।

तुमने मुझे प्रेम किया मेरे शब्दों से नहीं,
मेरे भीतर की खामोशी से।

तुमने मुझे प्रेम किया मेरी बाहरी सजावट से नहीं,
बल्कि मेरी टूटे हुए मन से।

तुमने मुझे उस गहराई तक पहचाना,
जहां मैं खुद को नहीं पहचानती।

तुमने मुझे ऐसे चाहा जैसी में हूं बिना किसी बदलाव के,
तुमसे मैं वह सब बोल पाई जो आज तक किसी से नहीं कहा खुद से भी नहीं।

तुम सिर्फ एक प्रेमी नहीं हो,
तुम खुद प्रेम हो।

क्योंकि सच्चा प्रेम वही है जो

टूटे हुए में भी सुंदरता देख सके,
जो बिखरे हुए में भी पूर्णता महसूस करें।

जो अंधेरे बुझे मन में आशाओं का प्रकाश पुंज बन जाए,
मेरे लिए वह प्रकाश पुंज हो तुम.....

15. तुम जानते हो?

तुम जानते हो?
मुझे क्या अच्छा लगता है?

भोर की पहली किरण,
जब सूरज नींद से मुस्कुराता है,
और आसमान
अपनी पलकों से उजाले को छूता है।

चाँदनी रात की वो ख़ामोशी,
जो मन की सबसे भीतरी आवाज़ सुनती है।
काले बादलों का घिर आना,
जैसे कोई पुराना साया लौट आया हो,
और बारिश...
वो तो जैसे आत्मा पर बूँद-बूँद गिरती हो।

गीली मिट्टी की सोंधी खुशबू –
जिसमें बचपन की यादें भीगती हैं।
सर्दियों की ओस...
और धूप –
जो काँपती है हथेलियों में चुपचाप।

चिड़ियों की चहचहाहट

जैसे कोई सुबह गीत गा रही हो,
गिलहरियों की भागदौड़
मानो वक़्त भी खेल रहा हो।

फूलों की वो सुगंध,
जो शब्दों से नहीं, सिर्फ साँसों से बाँधी जाती है।
चलती ट्रेन में पीछे छूटते पेड़ –
जैसे यादें, जो हाथ नहीं आतीं।

पहाड़ों के पीछे ढलता सूरज,
झीलों की आँखों सा ठहरा सन्नाटा,
और नदियाँ –
जैसे दिल की गहराई से बहती बातें।

लेकिन इन सबसे ज़्यादा...

मुझे अच्छा लगता है इस कविता का पहला शब्द।
"तुम"।

16. "तेरे ना होने में भी..."

तेरे साथ की कहानियाँ
बस मुट्ठी भर हैं मेरे पास।
कुछ लम्हे, कुछ तस्वीरें,
कुछ अधूरी बातों की छाप।

बाकी सारे किस्से –
तेरे ना होने के हैं।
उन गलियों के, जहाँ अब तेरा नाम नहीं लिया जाता,
उन शामों के, जो तेरे बिना भी ढल जाती हैं।

पर अजीब ये है कि...
तेरे ना होने में भी,
तू मौजूद रहा है।

हर जगह, हर वक़्त।
कभी मेरे ख्यालों के किनारे,
तो कभी मेरी चुप्पियों की तह में।

कभी भीड़ में एक चेहरा बनकर,
तो कभी ख़ुद की आंखों से टपकती नमी में।

तू गया नहीं,

बस... ठहर गया है मुझमें –
एक अनकहा सा हिस्सा बनकर।

17. रूह की थकान

थक गयी हूँ...
पर ये थकावट जिस्म की नहीं,
ये रूह की थकान है।

जिसे ना नींद सुला पाती है,
ना कोई दवा बहला पाती है,
ये वो बोझ है –
जो मुस्कुराते चेहरे के पीछे
चुपचाप साँसें लेता है।

हर दिन जीने का अभिनय,
हर लम्हा खुद को ज़िंदा साबित करने की कोशिश।
लोग कहते हैं –
"तुम तो हमेशा मज़बूत दिखती हो",
काश कोई देख पाता
कि भीतर कितना कुछ बिखर रहा है...
बिना आवाज़ के।

ये थकावट...
वो ख़ालीपन है जो भीड़ में भी अकेला महसूस कराता है,
वो खामोशी है जो दिल की दीवारों पर दस्तक देती है,
वो आहट है –

जो सिर्फ आत्मा सुनती है।

रूह थकती है
जब सपनों से समझौता करना पड़े,
जब बार-बार टूटकर
खुद को जोड़ना पड़े,
जब मुस्कान बन जाए
एक ज़रूरी आदत –
ना चाहने पर भी।

कभी-कभी दिल चाहता है
कि कोई हो, जो बिना सवाल के गले लगा ले,
ना सलाह दे, ना उपाय,
बस कहे –
"थकी हो न? रो लो... मैं हूँ यहीं।"

पर अक्सर ऐसे लोग
ख्वाबों में ही मिलते हैं,
और असल ज़िंदगी में
रूह थकती रहती है...
चुपचाप।

18. फुर्सत के लम्हे

कितने महंगे हो चुके हैं ये फुर्सत के लम्हे,
दिल तो करता है रुके, पर ज़िंदगी नहीं रुकती।

कलम पकड़ते ही ख्याल आते हैं अपनों के,
पर फोन की स्क्रीन पर उंगलियाँ सर्द रहती हैं।

कभी जो साथ बैठ कर हँसा करते थे बेपरवाह,
अब मीटिंग्स की भीड़ में वो हँसी कहीं गुम है।

चाय की प्याली भी अब तन्हा हो चली है,
किसी अपने के संग पीने की ख्वाहिश अधूरी है।

कभी शामें होती थीं किस्सों की पोटली सी,
अब हर शाम थकी आँखों का तकिया बन गई है।

रिश्ते अब तारीख़ों में दर्ज होते हैं,
"कब मिलें थे आख़िरी बार?"–सोचना पड़ता है।

काश वक़्त को थोड़ा मना सकते,
अपनों के लिए कुछ पल चुरा सकते...

अब 'कैसे हो?' भी मैसेज में सिमट गया है,

आँखों का हाल अब इमोजी में छिप गया है।

माँ की ममता, पिता की थकान,
सब कुछ पढ़ते हैं अब सिर्फ़ वीडियो कॉल की जान।

दोस्त जो कभी हर शाम के हिस्से थे,
अब साल में एक मुलाक़ात को तरसते हैं।

हम बढ़ तो रहे हैं, पर किस ओर?
ये सवाल हर रात चुपचाप करता है शोर।

चलो, अब आदत बदलें थोड़ा थोड़ा,
कुछ लम्हों को रखें सिर्फ़ अपनों का कोटा।

क्योंकि दौड़ के इस आख़िरी पड़ाव पर,
यादें ही होंगी जो साथ चलेंगी बेशुमार।

19. आंसू और तूफान

कैसे समेट कर रखते हो अपनी आँखों में आँसू,
जैसे किसी झील में बाँध दिया गया हो कोई सागर।
जब भी मन में उठता है कोई तूफ़ान पूरे जोश में,
तब भी कैसे खड़े रह जाते हो तुम पूरे होश में?

आसान नहीं होता,
अपने आँसुओं को यूँ भीतर ही रोक पाना।
कभी-कभी अच्छा होता है,
उन्हें चुपचाप बह जाने देना।

जब मैं खुद को समेट नहीं पाती,
तो बस एक बार...
सबसे छुपकर
रो लेती हूँ।

ना कोई चीख,
ना कोई शोर –
बस आँसुओं में घुला
मन का सारा संताप।

कुछ दर्द ऐसे होते हैं,
जो न कहे जाते हैं,

और न ही सहे जाते हैं।

तो बह जाने दो उस दर्द को,
आँखों के रास्ते।
खाली कर दो मन का भार –
अपनों के वास्ते।

लेना फिर एक गहरी साँस,
फिर से जीने की उम्मीद आएगी।
थोड़ी-सी रौशनी,
थोड़ी-सी मुस्कान,
और खुशियाँ फिर से लौट आएँगी।

जीने की राह,
एक बार फिर
तुम्हें आवाज़ देगी।

20. जिंदगी एक गुलदस्ता

ये ज़िन्दगी तमन्नाओं का गुलदस्ता ही तो है,
हर ख्वाब इसमें रंग-बिरंगे फूलों जैसा है।

कुछ ख्वाहिशें महक बनके सांसों में उतरती हैं,
हर सुबह उम्मीदों की रौशनी बिखरती है।
चुपके से मुस्कुरा जाती हैं ये चाहतें कभी,
जैसे किसी बगिया में बहार उतरती है।

कुछ ख्वाहिशें मुरझा जाती हैं वक्त की धूप में,
ना पानी मिलता है, ना साया उस रूप में।
हम थामे रहते हैं यादों की झुकी डालियाँ,
जहाँ एक सूनी सी ख़ुशबू रहती है चुपके से।

कुछ तमन्नाएं चुभ जाती हैं काँटों की तरह,
हर बार जब दिल छूता है, टीस उठती है कहर।
पर वही चुभन सिखा देती है जीने का सबक,
कि हर फूल के संग एक कहानी होती है अलग।

तो चलो, सजने दो इस गुलदस्ते को ऐसे ही,
महक, मुरझाहट और चुभन – सब रखें एक जैसे ही।
क्योंकि यही तो है ज़िन्दगी की सच्ची तस्वीर,
रंगों से भरी, मगर हर एहसास के साथ गहरी और गंभीर।

21. एक बारिश..... और भी थी..

एक बारिश...
जो बाहर नहीं,
भीतर उतरती है चुपचाप,
ना गरज, ना चमक,
बस, एक सिहरन सी रह जाती है।

वो बारिश...
कोई मौसम नहीं लाती,
ना भीगने की इजाज़त मांगती,
बस जब मन भर आता है,
तो आँखों से उतर जाती है – बूँद-बूँद।

कुछ आंसू नहीं होते,
पर उनसे कम भी नहीं,
ये बूँदें...
स्मृतियों की छतों से टपकती हैं,
कभी किसी शब्द से,
कभी किसी ख़ामोशी से।

कुछ ठहर जाती हैं पलकों पर,
कुछ भीग जाती हैं तकिये के कोनों में,
और कुछ...

बस दिल के किसी पुराने कोने में थम जाती हैं।

एक बारिश थी...
जो तुमसे शुरू हुई थी,
और शायद...
अब तक भी रुकी नहीं।